Mientras Tanto...

Mientras Tanto…

Un devocional de motivación y de fe
para todos los procesos de la vida…

Por: Laila M. Henríquez Monserrate

Mientras Tanto
Primera edición 2019

ISBN: 9781698817576

Edición y portada: Sandra Martínez Blessings Dessigns
Fotografía: Luis F. Díaz / Roberto Rivera
Arreglo personal: Marieliz Rivera

Todos los textos bíblicos fueron tomados de la Santa Biblia versión Reina Valera 1960.

INDICE

"Acuérdate de la palabra dada a tu siervo,
En la cual me has hecho esperar.
Ella es mi consuelo en mi aflicción,
Porque tu dicho me ha vivificado."
Salmos 119:49-50

Mientras Tanto...

Un devocional de motivación y de fe para todos los procesos de la vida.

Al escribir este devocional, pensé en ti. Tú que quizás estás atravesando un momento difícil, quiero que sepas que no estás solo.

En mi caminar por la vida, he tenido tiempos hermosos, muchos días felices, y temporadas de victoria, pero también he pasado por valles de sombras. Ha habido momentos donde no he visto nada, donde he sentido que todos se han ido de mi lado, donde no he sabido qué será del mañana. He vivido momentos donde he pensado en abandonarlo todo y he llegado a pensar que no tengo las fuerzas para seguir.

Sin embargo, la misericordia de Dios ha sido tan linda y tan grande en mi vida que, en cada uno de esos momentos de incertidumbre, soledad, vacío, y temor, Su amor ha estado conmigo. La palabra de Dios dice; "en el mundo tendréis aflicciones, pero confiad, Yo he vencido al mundo" es por eso que te exhorto a que te mantengas firme creyendo en el Señor y en cada una de sus promesas.

Promesas... todos y cada uno de nosotros en algún momento de nuestro caminar de fe hemos recibido una palabra especial de Dios para nuestra vida, ya sea una palabra de sanidad, de salvación, una promesa de provisión o algo más. ¡Y qué hermoso es ese momento! Esos minutos donde el Creador del cielo y de la tierra habla a tu vida con esas palabras tan específicas que tú sabes, que sabes, que sabes, que realmente es Dios quien está hablando. Su palabra siempre viene como un bálsamo, como un refrigerio en medio de sequedad, que, aunque a veces viene a corregirnos, Él sabe cómo hacerlo con amor.

Ahora, no siempre que Dios nos da una promesa de algo que será o que va a acontecer en nuestras vidas, nos da el tiempo en que veremos esa promesa cumplirse. Entonces un día me pregunté ¿qué hacemos durante ese tiempo de espera, ese tiempo mientras esperamos a que esa promesa se cumpla?

A través de mi proceso he descubierto que hay un tiempo desde que Dios te da una promesa, hasta el tiempo de verla cumplida. Podemos ver cómo un ejemplo al pueblo de Dios, Israel. Este fue el pueblo escogido por El, al que también le prometió que los llevaría a una tierra nueva, tierra de abundancia donde fluía leche y miel.

Sin embargo, el pueblo de Israel estuvo cuarenta años dando vueltas en el desierto antes de entrar a la tierra prometida. Dios les había dado una promesa, pero para llegar a ella tendrían que pasar por un proceso. Un viaje que se supone que le hubiese tomado solo algunas semanas, le tomó cuarenta años por que tuvieron la actitud incorrecta. De igual manera a veces los procesos que pasamos en nuestra vida tienden a extenderse, porque asumimos pensamientos o actitudes que no son las correctas.

Es por eso que, en este devocional, destaco algunas guías que te ayudarán en el día a día a nutrir tu espíritu y a tener la actitud correcta frente a tu problema. Ese tiempo de espera no tiene porqué ser el peor tiempo de tu vida. Ese valle que estás atravesando no tiene porqué durar cuarenta años. Ese momento difícil puede ser una oportunidad para bendecir a otro.

Tomate un tiempo para pensar qué provecho le puedes sacar a tu situación. Me explico. Quizás Dios ha permitido que pases por esto para enseñarte una verdad, quizás para que puedas apreciar lo que tienes, quizás a través de tu testimonio otros vengan al conocimiento de Su verdad.

Quizás nunca entiendas el propósito de tener que pasar por este sufrimiento, pero el haber pasado por ello te hizo crecer, te hizo una mejor persona, te hizo aumentar la fe. Cualquiera sea el caso realiza que no todo es negativo y que siempre Dios te acompañará en medio de cualquier circunstancia.

Como te dije antes, estás son unas guías de oración y reflexión diaria para que puedas fortalecer tu fe en medio de tu proceso. La intención principal de esta herramienta es precisamente darte una forma más de motivación. Es alentarte para que no caigas en un círculo de conmiseración o pena, sino que cada día que leas una porción te esfuerces y seas valiente como le dijo el Señor a Josué una y otra vez.

Cuando tengas tu tiempo de devoción con el Señor o cuando tengas un tiempo durante el día, medita en cada escrito. Nutre tu espíritu con los versículos que te comparto y reflexiona sobre mis palabras. Oro para que Dios se revele a tu vida de forma especial y milagrosa y que, así como mi vida es y ha sido fortalecida, tú también seas grandemente edificado.

Día 1

Elévate a las alturas y refúgiate en el Señor

"Desde el cabo de la tierra clamaré a ti, cuando mi corazón desmayare. Llévame a la roca que es más alta que yo, Porque tú has sido mi refugio, Y torre fuerte delante del enemigo."
Salmos 61:2-3

Cuando digo elévate a las alturas, te pido que por un momento consideres las águilas, aves majestuosas que nos enseñan grandes verdades.

- Cuando las águilas mudan su plumaje también mudan sus garras y su pico. Este proceso natural por el que pasan estas aves de rapiña las vuelve muy débiles y vulnerables ante el ataque de sus depredadores. Sabiendo que en ese tiempo no se pueden defender, las águilas se elevan a las alturas hasta que su proceso haya culminado. Así mismo, nosotros en medio de nuestro proceso o prueba, subamos a las alturas. Este no es un tiempo para andar derrotados, tampoco es un tiempo de castigo, más bien es un tiempo donde el Señor nos espera en las alturas para fortalecernos.

- Las águilas no se mezclan con otras aves. Cuando estás en ese tiempo de espera, debes tener cuidado de quiénes tienes a tu alrededor. Rodéate de personas que tengan tu misma fe, no sólo tu misma religión, sino que tengan tu mismo deseo de luchar, tu misma determinación de salir a delante y de alcanzar ese milagro que ya Dios te prometió.

- Las águilas no se rinden fácilmente ante su depredador, antes pelean hasta ganar o hasta recuperar su territorio.

El salmista decía, "llévame a la roca que es más alta que yo" porque entendía que él no lo sabía todo. También conocía David a Dios en esa dimensión, donde el Señor era su lugar seguro. Cuando los enemigos buscaban a David para matarlo, cuando estaba triste, cuando se sentía sólo, él iba delante de la presencia de Dios.

Procura que tu refugio y tu lugar seguro sea Dios primero. Sí es importante que tu pareja, tu familia, tus amigos, tus hermanos de la fe estén cerca de ti, apoyándote en este momento, pero hay un secreto en la presencia de Dios. Hay una fuerza, una sabiduría, un poder especial para soportar las dificultades cuando vas al Señor. Es por eso que Él se llama fuente de vida, porque de Él emana todo lo que somos y lo que necesitamos. Es desde ahí, desde lo alto, desde un lugar de visión más amplia, donde puedes ver a tus enemigos como lo que realmente son, piedras que te impulsarán a llegar a tu milagro. Es también en ese lugar alto donde conocerás al Dios que hizo milagros ayer y que también hará milagros hoy en tu vida.

NOTAS _____

_____

_____

_____

_____

Día 2

Da gracias

"Por nada estéis afanosos, sino sean conocidas vuestras peticiones delante de Dios en toda oración y ruego, con acción de gracias."
-Filipenses 4:6

Para mí, cada día que me levanto es una nueva bendición y por eso doy gracias a Dios. Agradezco las fuerzas que Él me da para levantarme, el descanso de la noche, sus nuevas misericordias, aún el canto de los pájaros en el patio porque sé que muchos no tienen tales bendiciones.

Dale gracias a Dios en todo y por todo. Dale gracias a Dios por este proceso, porque te está haciendo más fuerte. Dale gracias a Dios por el día de mañana y declara que mañana será un día mejor. Dale gracias a Dios por la familia que está hoy contigo. Dale gracias por los amigos de cerca y los de lejos, que con sus mensajes te motivan a seguir adelante. Fíjate que este versículo comienza hablando del afán y termina hablando de dar gracias.

A veces así comenzamos nuestro día, nos quejamos porque nos levantamos tarde y no vamos a llegar a tiempo al trabajo. Nos quejamos porque se nos quemó el desayuno y ya nos iremos sin comer. Nos quejamos por el tráfico en la carretera, nos afanamos por la cantidad de trabajo qué hay en la casa o en la oficina, nos afanamos porque no sabemos cómo vamos a pagar las cuentas. Sin embargo, Dios nos dice, cambia tu queja, tu afán, tu preocupación y concéntrate en traerlas a mi presencia. Él nos dice, enfócate en darme las gracias por lo que voy a hacer.

Así que comienza este día dando gracias a Dios y deja que Él te sorprenda con Su intervención divina.

NOTAS _____

_____

_____

_____

_____

_____

_____

_____

_____

_____

_____

_____

_____

_____

_____

_____

_____

Día 3

Espera

El momento en que Dios te da la promesa no necesariamente es el tiempo de su cumplimiento.

"Pacientemente esperé a Jehová, Y se inclinó a mí, y oyó mi clamor. Y me hizo sacar del pozo de la desesperación, del lodo cenagoso; Puso mis pies sobre peña, y enderezó mis pasos." Salmos 40:1-2

Sé que ésta es una de las palabras que menos nos gusta escuchar, sobre todo cuando estamos pasando por un momento difícil.

En enero del año 2009 me diagnosticaron con cáncer de la médula ósea y aún estoy esperando por mi milagro, pero ¿sabes qué?, así como a ti, a mí también me toca esperar. Dios es el que conoce los tiempos, no yo. Dijo Salomón en el libro de Eclesiastés que "todo tiene su tiempo y todo lo que se quiere debajo del cielo tiene su hora". Entonces, si confiamos en que Dios tiene cuidado de nosotros, ¿cómo no vamos a creer que el conoce nuestros tiempos? Él sabe en qué momento será mejor para nosotros recibir aquello que hemos pedido o aquello que Él ha prometido.

"Acuérdate de la palabra dada a tu siervo, En la cual me has hecho esperar. Ella es mi consuelo en mi aflicción, Porque tu dicho me ha vivificado." Salmos 119:49-50

El salmista había recibido una palabra de Dios, pero también se encontró en un período de espera. Ahora, mira cuál fue la actitud de él en este tiempo. Él se refugió en esa promesa buscando consuelo cuando la espera se hizo difícil de soportar. No permitas que la espera le robe poder a Sus promesas, antes provoca a que la certeza de Su palabra haga que esa espera sea más fácil de sobrellevar.

¡Recibe también esta promesa!

"Pero los que esperan a Jehová tendrán nuevas fuerzas; levantarán alas como las águilas; correrán, y no se cansarán; caminarán, y no se fatigarán" Isaías 40:31

NOTAS _____

_____

_____

_____

_____

_____

_____

_____

_____

_____

_____

_____

_____

_____

_____

Día 4

No te impacientes

"No te impacientes a causa de los malignos, Ni tengas envidia de los que hacen iniquidad." Salmos 37:1

Hay veces, en medio de las circunstancias que atravesamos, que nos preguntamos; ¿por qué a mí me pasa esto? ¿Por qué yo tengo que estar en esta situación? Entonces, miramos a nuestro alrededor y vemos a otros que no son "tan buenos" como nosotros, o que no son "tan cristianos" como nosotros, que tienen vidas que parecen ser perfectas y nos enojamos.

Vemos que otros prosperan, tienen salud, son felices y nos preguntamos; ¿cuándo será mi tiempo? ¿Cuándo llegará mi milagro? ¿Cuándo veré la promesa cumplida? ¿Cuándo saldré de esta? La palabra nos dice: ¡no te impacientes! Si ves que a otros les va mejor, si otros avanzan más rápido que tú, no te enojes. Hay propósito de Dios en tu vida y quizás ese progreso que ves en otros no será tan permanente como lo que Dios hará en ti.

En mi humanidad, también he tenido esas preguntas. Uno mira hacia atrás y dice; Señor, pero si yo te he servido toda mi vida, ¿por qué tengo que vivir con este cáncer? ¿Por qué tengo que pasar por esta angustia y estas molestias? Si te estás haciendo estas preguntas, te puedo decir que es normal.

No está mal hacer las preguntas y querer entrar en razón, entiendo que no sería normal aceptarlo todo pasivamente. Si tienes preguntas, pregunta; si tienes una queja, quéjate; si te duele algo, exprésalo, pero no te quedes ahí.

Más adelante en ese mismo capítulo el salmista añade:

"Encomienda a Jehová tu camino,
Y confía en él; y él hará." Salmos 37:5.

El entendió que cuando ponemos nuestras cargas y afanes en las manos de Dios todo sale mejor.

NOTAS _____

_____

_____

_____

_____

_____

_____

_____

_____

_____

_____

_____

_____

_____

_____

_____

_____

Día 5

Fructifícate

"Y llamó el nombre del segundo, Efraín; porque dijo: Dios me hizo fructificar en la tierra de mi aflicción." Génesis 41:52

Esta es una de mis historias favoritas de la Biblia, la historia de José. Un joven que, por causa de los celos, fue vendido por sus hermanos. Esto lanzó a José a una vida de incertidumbres, ya que por un tiempo se encontró solo, traicionado por sus hermanos y dado por muerto por su padre. Pues luego de venderlo, sus hermanos mintiendo, le dijeron a su padre que un león lo había devorado. Si esto no es un proceso difícil, entonces no sé qué pudiera ser.

Imagínate lo duro que debe haber sido para José. Primero, la traición de sus hermanos, y cómo planificaron para matarlo. Luego lo venden como si fuese una pieza de ganado. Por último, lo llevan a Egipto como esclavo, siendo él un príncipe, un escogido de Dios. Mas a pesar de todo esto, José no dejó que sus circunstancias afectaran el plan de Dios en su vida. Lo cierto es que José se mantuvo fiel a Dios en medio de su situación. Tal fue su integridad y su carácter que Dios lo puso en gracia en la casa de su amo y lo bendijo, y bendijo todo lo que él hacía, de forma que también halló gracia delante de Faraón y éste le puso por gobernador sobre Egipto.

Aquí vemos a un hombre traicionado por su familia, vendido y llevado a la esclavitud. Él pudo haberse levantado con gran ira y rencor a buscar venganza, pero como había recibido un sueño de Dios (Génesis 37:5-10), él se mantuvo esperando hasta ver el cumplimiento de esa visión.

José, teniendo el poder en sus manos de devolver el

mal que le habían hecho sus hermanos, decidió confiar en el Señor, disfrutar su proceso siendo fiel a Dios y perdonarlos.

Así que en medio de tu situación hay esperanza para ti. Para José vino un tiempo de prueba, pero había una palabra de Dios que le sostenía.

Oro para que la palabra de Dios pueda sostenerte y que puedas tener las fuerzas del Señor para mantenerte fiel a Él. Oro para que puedas florecer, aunque estés en tierra de Egipto, aunque estés en tierra de esclavitud, aún en tierra extraña, o en un momento de escasez, fructifícate, multiplícate, florece y da fruto abundante, así como Dios lo hizo con José. Dios lo puede hacer contigo también.

NOTAS _____

_____

_____

_____

_____

_____

_____

_____

_____

_____

_____

_____

_____

_____

_____

Día 6

Consulta a Dios

Durante tu proceso, habrá momentos donde tendrás que tomar decisiones. Recuerda que lo que puede funcionar para unos, aunque su proceso sea el similar al tuyo, no necesariamente funcionará en tu caso. En el capítulo cinco de segunda de Samuel, vemos a David consultando a Dios acerca de cómo enfrentar a los filisteos.

"Entonces consultó David a Jehová, diciendo: ¿Iré contra los filisteos? ¿Los entregarás en mi mano? Y Jehová respondió a David: Ve, porque ciertamente entregaré a los filisteos en tu mano."
2 Samuel 5:19.

Luego, se volvió a encontrar David frente este ejército y nuevamente consultó a Jehová; "Y consultando David a Jehová, él le respondió: No subas, sino rodéalos, y vendrás a ellos enfrente de las balsameras." 2 Samuel 5:23

Vemos en estos versos cómo Dios, para un mismo conflicto, le dio a David dos estrategias diferentes. ¿Qué hubiese pasado si David no hubiese consultado a Dios por segunda vez?

Hoy te exhorto a que busques la dirección de Dios en todo y para todo lo que te propongas hacer. Escucha la voz de Dios y ella te dará las estrategias, la paz y la sabiduría que necesitas para pasar este tiempo de espera.

Amado, amada, oro para que hoy seas fortalecido en una forma especial. Oro para que puedas afinar tus oídos espirituales y que puedas escuchar la voz de Dios y lo que Él ha dicho sobre tu vida.

NOTAS _____

_____

_____

_____

_____

_____

_____

_____

_____

_____

_____

_____

_____

_____

_____

_____

_____

_____

_____

_____

_____

_____

_____

Día 7

Escribe Su promesa

"Y Jehová me respondió, y dijo: Escribe la visión, y decláral en tablas, para que corra el que leyere en ella. "Habacuc 2:2

Esos momentos donde Dios habla a tu vida, son momentos muy especiales. La palabra de Dios viene a nuestras vidas con muchos propósitos. A veces para enseñarnos algo, otras para corregirnos, a veces para darnos dirección o como respuesta a una petición. Sea cual sea el caso, la palabra de Dios siempre será bálsamo y refrigerio para nuestras almas.

Es importante que recuerdes la parábola del sembrador que se relata en los evangelios. Dice que según iba el sembrador echando las semillas, unas caían en el camino y venían las aves y se robaban la semilla que había sido sembrada. Así a veces pasa con la palabra o la promesa que Dios nos da, no la cuidamos, no proveemos el terreno apropiado para que ésta germine y dé fruto. Entonces, para que el tiempo, los ajetreos de la vida, la duda, u otras cosas no te roben esa semilla, esa palabra que Dios te habló, escríbela.

El profeta decía; escríbela, declara en tablas, para que corra el que leyere, hablando de que después de recibir la palabra hay una acción a seguir. Escribe esa promesa que Dios te dio para que no la olvides, para que le cuentes a otros las cosas hermosas que Dios está haciendo en tu vida. Escribe sus promesas para tu vida y un día podrás mirar hacia atrás, no para recordar momentos tristes, sino para ver hasta dónde te ha traído el Señor.

NOTAS

Día 8

Habla la palabra de Dios sobre ti

"La muerte y la vida están en poder de la lengua,
Y el que la ama comerá de sus frutos." Proverbios 18:21

Muchas veces tendemos a creer las palabras negativas con más facilidad que las palabras de fe. ¿No has notado que cuando nos dan una mala noticia, la creemos sin dudar? Vamos al médico, y cuando él dice que tenemos una enfermedad ya pensamos en que nos vamos a morir. Este versículo dice que tanto la muerte como la vida están en poder de la lengua.

Entonces, cuando recibimos una mala noticia —en mi caso fue un mal diagnóstico, puede que tu caso sea igual o diferente— ¿qué haremos? Creer la palabra de Dios y hablar vida sobre nosotros, porque dice la segunda parte del verso, que el que la ama, (hablando de la lengua y de lo que confesamos) comerá de sus frutos. Así pues, cuida lo que hablas.

Aunque las noticias sean malas, no creas que todo está perdido, habla vida, proclama las promesas de Dios sobre ti, declara que la palabra y los propósitos de Dios se cumplirán en ti. Recuerda quién eres en Dios y confiésalo cada día, que eres cabeza y no cola, que eres más que vencedor por medio de aquel que te amó.

Te comparto dos de mis versículos favoritos, los mismos que declaro constantemente sobre mí.

"No moriré, sino que viviré, Y contaré las obras de JAH."
Salmos 118:17

"Mas él herido fue por nuestras rebeliones, molido por nuestros pecados; el castigo de nuestra paz fue sobre él, y por su llaga fuimos nosotros curados." Isaías 53:5

NOTAS _____

_____

_____

_____

_____

_____

_____

_____

_____

_____

_____

_____

_____

_____

_____

_____

_____

_____

_____

_____

_____

Día 9

Persiste

*"También les refirió Jesús una parábola sobre la necesidad
de orar siempre, y no desmayar, diciendo: Había en una
ciudad un juez, que ni temía a Dios, ni respetaba a hombre.
Había también en aquella ciudad una viuda, la cual venía a
él, diciendo: Hazme justicia de mi adversario. Y él no quiso
por algún tiempo; pero después de esto dijo dentro de sí:
Aunque ni temo a Dios, ni tengo respeto a hombre, sin
embargo, porque esta viuda me es molesta, le haré justicia,
no sea que, viniendo de continuo, me agote la paciencia. Y
dijo el Señor: Oíd lo que dijo el juez injusto. ¿Y acaso Dios no
hará justicia a sus escogidos, que claman a él día y noche?
¿Se tardará en responderles?" S. Lucas 18:1-7*

Por experiencia propia, sé qué hay momentos en cada
proceso donde uno se ve frente a una gran pared. Puede
que tu pared hoy sea física, mental, económica, o moral, lo
importante es recordar que no hay oposición ninguna que
no ceda delante de un hombre, un joven, una mujer que vive
delante de la presencia de Dios.

En esta parábola, Jesús nos enfatiza la importancia de
orar. Fíjese cómo está historia nos explica cómo era ese
juez. Él no era bueno, no solo que no temía a Dios, sino que
tampoco respetaba a los hombres. Oh, pero la persistencia
de una mujer, la importunidad de ella, la necesidad de ella, la
llevó a lograr más que su objetivo principal. Ella logró cambiar
la postura del juez, recibió su milagro y también quedó
plasmada en la historia para ser ejemplo para nosotros.

Hoy Dios nos dice: ¡Persiste! Aunque se vea el camino oscuro, persiste; aunque la ciencia diga algo contrario a tu fe, persiste; aunque falte el producto del olivo, persiste. Persiste, aunque sientas que se te acaban las fuerzas, porque si la persistencia de esta viuda pudo mover la soberbia de este juez, ¡cuanto más tu clamor, tus lágrimas, tu dolor, tu obediencia y tu rendición al Dios de los cielos, logrará a tu favor!

"Jesús le dijo: Si puedes creer, al que cree todo le es posible." Marcos 9:23

NOTAS _____

_____

_____

_____

_____

_____

_____

_____

_____

_____

_____

_____

_____

_____

Día 10

Enseña a otros a creer

Si yo puedo, si he podido hasta ahora, tú también puedes. Toma un tiempo para buscar a tu alrededor personas que estén comenzando en la fe e instrúyelos. Dice la palabra "instruye al niño en sus caminos y aún cuando fuere viejo no se apartará de él." Siempre pensamos en los niños en edad cronológica, pero pienso que también se refiere a los niños espirituales. No digo esto como para menospreciar a algunos, pero como una verdad del crecimiento espiritual.

Cuando venimos al Señor, nacemos de nuevo y así como la vida cronológica tiene etapas, los que nacemos en el Señor vamos en un crecimiento continuo que se terminará cuando alcancemos la vida eterna. El versículo dice que aún cuando fuere viejo no se apartará de él, infiriendo que a través de toda su vida esa persona se mantuvo enfocado en el Señor y en Su palabra.

Pero todo comenzó por alguien que le instruyó, alguien que se tomó el tiempo de ensañarle y quien mejor que tú. Sí, tú. Tú que estás pasando por un momento difícil puedes enseñarle a otro que se puede, que en la palabra de Dios hay provisión para cualquier necesidad que podamos estar teniendo.

Si estamos tristes, Él dice que Él enjuga nuestras lágrimas. Si estamos enfermos, Él dice "Yo soy Jehová tú sanador." Si nos falta algo, Él dice "pedid y se os dará."

Hay una historia en la Biblia donde un hombre se hallaba sentado leyendo un pasaje de las escrituras:

"Acudiendo Felipe, le oyó que leía al profeta Isaías, y dijo: Pero ¿entiendes lo que lees? Él dijo: ¿Y cómo podré, si alguno no me enseñare? Y rogó a Felipe que subiese y se sentara con él."
Hechos 8:30-31

Puede ser que así haya algunos a tu alrededor, hermanos o personas que están tratando de leer la palabra de Dios y no la entienden. Entonces usa tu tiempo dentro de tu proceso (y aún después de él) y enséñales, comparte tus experiencias de fe con ellos y verás que según les compartes y los llevas a través de las escrituras, tu vida también será edificada.

NOTAS _____

_____

_____

_____

_____

_____

_____

_____

_____

_____

_____

_____

_____

_____

_____

Día 11

Se ejemplo

¿Has escuchado la frase "tus acciones hablan más alto que tus palabras?" Pues es muy cierto. A veces queremos que la gente nos vea de una manera, pero nuestras acciones son totalmente opuestas. En una ocasión, fui parte de un certamen para escoger quién representaría a nuestra iglesia como la "Reina Esther" frente a uno de los distritos del estado.

Una de las preguntas que me hicieron fue la siguiente; ¿crees que es importante lo que la gente piense de ti? Hice una pausa para organizar mis pensamientos y luego contesté; Sí, porque la palabra de Dios nos llama a ser ejemplo donde quiera que vayamos.

No podemos andar por la vida sin que nos importe lo que otros piensen de uno, porque tenemos que exhibir a Cristo donde quiera que vamos. Eso no significa que lo que otros piensen de mí va a determinar quién yo soy, porque ya Dios nos ha dado una identidad en Él. Pero sí debemos cuidar cómo nos conducimos frente a los demás, cómo hablamos, cómo nos expresamos de los demás, etc.

Aunque estés en un momento difícil, se ejemplo de fe. Muéstrale a Dios, a ti mismo y a los que te rodean que, aunque sea un momento difícil, tu fe está puesta en Él. Que, aunque de frente tienes un gigante, una enfermedad, una crisis familiar, en quien tú has creído es mayor, es más grande y ya venció por ti.

No permitas que las circunstancias opaquen tu fe. Antes provoca que tu fe disipe toda duda y temor. Procura que cuando el enemigo te mire no diga; "ahí va otro más derrotado," sino que diga "a él no lo pude engañar por que su

fe fue mayor que el estorbo que le puse de frente". Aleluya!!!
Pablo le dijo a Timoteo a modo de exhortación:

"Ninguno tenga en poco tu juventud, sino sé ejemplo de los creyentes en palabra, conducta, amor, espíritu, fe y pureza"
1 Timoteo 4:12

Hoy te digo, ¡sé ejemplo a los que te rodean! Que tus palabras y tu conducta le den la gloria a Dios y que reflejen a Cristo y lo que dice Su palabra.

NOTAS _____

_____

_____

_____

_____

_____

_____

_____

_____

_____

_____

_____

_____

_____

_____

_____

_____

Día 12

Conoce

"Conoce, pues, que Jehová tu Dios es Dios, Dios fiel,
que guarda el pacto y la misericordia a los que le aman
y guardan sus mandamientos, hasta mil generaciones"
Deuteronomio 7:9

Cuando estamos pasando por momentos difíciles, es fácil olvidar las promesas de Dios. Es inevitable dejarnos llevar por lo que vemos de frente o por lo que estamos sintiendo en ese momento. Pero la palabra nos recuerda que servimos a un Dios fiel, que somos de Él y Él es nuestro. Un Dios que nos ama y que ha prometido cumplir sus promesas. Lo que Él habló lo hará, solo pide de nosotros que guardemos sus mandamientos.

Amada, amado, sé que cuando hay dolor, desesperación, incertidumbre, todo es más difícil. Yo misma lo he vivido y de la misma manera tengo que decirte que he podido mirar al cielo y clamar desde mis lugares más oscuros y Él me ha respondido. ¡Aleluya! Hoy te digo: "Conoce pues que Jehová tu Dios es Dios fiel" porque es así, el cumplirá Sus promesas en tu vida.

También recuerda que la palabra de Dios dice:

"Dios no es hombre, para que mienta, Ni hijo de hombre
para que se arrepienta. Él dijo, ¿y no hará?
Habló, ¿y no lo ejecutará?"
Números 23:19

Ni ahora que estas en ese tiempo de espera, ni nunca, permitas que la duda entre en tu mente o en tu corazón.

Entiende que la palabra de Dios es viva y eficaz, y decide por creer a Sus promesas aun a pesar de tu situación.

NOTAS _____

_____

_____

_____

_____

_____

_____

_____

_____

_____

_____

_____

_____

_____

_____

_____

_____

_____

_____

_____

Día 13

Disfruta

Sí, leíste bien, disfruta. Disfruta este tiempo de espera. Sé que me vas a preguntar; ¿cómo puedo disfrutar en medio de este dolor? No intento ser sarcástica, ni insensible a tu proceso. Pero, mientras yo vivo mi experiencia, y mientras más pasa el tiempo, (recuerda, al momento de escribir este devocional llevo diez años esperando por mi milagro), más me convenzo de que este es un tiempo hermoso para conocer a Dios en otras dimensiones.

Si no pasamos por momentos de escasez, ¿cómo conoceremos al Dios que provee? Si no vivimos la enfermedad ¿cómo testificaremos del Dios que sana mis dolencias? Si no atravesamos por valles de sombra ¿cómo veremos al Pastor que nos infunde aliento?

Algunos nunca tendrán que pasar por situaciones tan difíciles como las que nos ha tocado vivir a ti y a mí. Le doy gracias a Dios por eso, porque quisiera que ninguno pasara dolores ni sufrimiento. Pero ya que hemos sido forjados en el fuego, probados como el oro, esculpidos con fuerza como diamantes, disfrutemos el proceso, porque en todo Dios está con nosotros.

Él nos ha escogido, somos de gran valor para Dios, ¿crees que Él te llamó, te escogió, murió por ti, te perdonó de tus pecados y te ofrece vida eterna para luego dejarte y abandonarte en tu situación? ¡No! Confía en que Él no te dejará porque así lo ha prometido.

"Porque el Señor no abandonará a Su pueblo,
Ni desamparará a Su heredad." Salmos 94:14

NOTAS

Día 14

Soporta

"Puestos los ojos en Jesús, el autor y consumador de la fe, quien por el gozo puesto delante de El soportó la cruz, menospreciando la vergüenza, y se ha sentado a la diestra del trono de Dios."
Hebreos 12:2

¡Qué momento tan poderoso fue el evento de la cruz! Por un lado, la crueldad de un gobierno sin piedad, por otro lado, la más grande muestra de amor a la humanidad. Por un lado, el mayor sufrimiento que un hombre pudo soportar y, por otro lado, la promesa de una vida que no se sujetaba a un cuerpo carnal. Por un lado, una aparente derrota y por otro lado una victoria incorruptible. ¿Cuánto soportó Jesús por amor a nosotros?

Durante sus años sobre la tierra, Jesús fue tentado en todo, como dice el libro de los Hebreos, capitulo 4, "mas no se halló en Él pecado, sino que soportó la prueba". Mas ahora, lo miramos en la cruz, sufriendo la peor de las muertes, llevando tu vergüenza y la mía, tu dolor y el mío y dice la palabra que viendo el gozo puesto delante el, soportó la cruz.

Por esto te digo, soporta. Que duele, sí. Que no nos gusta, que no entendemos este proceso, lo sé, yo misma lo vivo todos los días. Todos los días también me toca reflexionar y entender que debo soportar la prueba. Hay un dicho muy conocido que ha sido pilar en mi proceso, además de la palabra de Dios que dice:

"Nunca sabes cuán fuerte eres
hasta que ser fuerte es lo único que te queda"

¡Se fuerte, hermano, soporta, Dios te ha prometido victoria!

"Amados, no os sorprendáis del fuego de prueba
que os ha sobrevenido, como si alguna cosa extraña os
aconteciese, sino gozaos por cuanto sois participantes
de los padecimientos de Cristo, para que también en la
revelación de su gloria os gocéis
con gran alegría." 1 Pedro 4:12-13

No sabemos qué es lo que nos espera después de todo esto, pero confiamos en que será algo grande de parte de Dios.

NOTAS _____

_____

_____

_____

_____

_____

_____

_____

_____

_____

_____

_____

Día 15

Recuerda cuál es tu identidad en Dios

Todos pasamos por momentos duros, valles de sombra e incertidumbre, cosas que no entendemos y lo primero que hacemos es preguntarnos ¿por qué yo? ¿Por qué me tiene que pasar esto a mí? ¿Que yo hice para merecer este castigo? Permíteme decirte que el hacerte estás preguntas es normal, es parte de nuestra humanidad, pero que probablemente nunca encuentres respuesta a ellas. Aún así, quiero que en ese momento recuerdes que el hecho de que estés pasando por un momento difícil, esto no te inhibe de recibir del amor de Dios.

Cuando comencé en mi proceso, yo estaba bien. Me sentía una cristiana sólida en el Señor. Llevaba más de quince años en el evangelio, tenía una base sólida en la palabra, estábamos congregándonos, era parte del coro de la iglesia, y de momento... la noticia de que tengo cáncer. Mi mundo se sacudió, como les contaré en mi próximo libro, y mi carne quiso comenzar a hacer todas esas preguntas. Pero pronto recordé que yo soy Su hija, heredera de todas las promesas de Su gracia y amor y eso me dio paz. No les niego que lloré y aún hay días en que derramo lágrimas. Pero hay una gran diferencia en llorar sin esperanza y llorar sabiendo que tenemos esperanza, que esto no se acaba así, que al final nosotros venceremos, porque ya Él venció por nosotros. Al decirte: "recuerda tu identidad en Dios", lo que intento decir es que tienes que recordar lo ya Dios habló acerca de ti. Él nos ha hecho más que vencedores.

*"Jehová se manifestó a mí hace ya mucho tiempo, diciendo:
Con amor eterno te he amado; por tanto, te prolongué mi
misericordia" Jeremías 31:3*

*"Mas vosotros sois linaje escogido, real sacerdocio, nación
santa, pueblo adquirido por Dios, para que anunciéis las
virtudes de aquel que os llamó de las tinieblas a su luz
admirable." 1 Pedro 2:9*

*"Porque yo sé los pensamientos que tengo acerca de
vosotros, dice Jehová, pensamientos de paz, y no de mal,
para daros el fin que esperáis." Jeremías 29:11.*

*"Por lo cual estoy seguro de que ni la muerte, ni la vida,
ni ángeles, ni principados, ni potestades, ni lo presente, ni
lo por venir, ni lo alto, ni lo profundo, ni ninguna otra cosa
creada nos podrá separar del amor de Dios, que es en
Cristo Jesús Señor nuestro." Romanos 8:38-39.*

NOTAS _____

_____

_____

_____

_____

_____

_____

_____

_____

_____

Día 16

Depende del Espíritu Santo

"Jesús, lleno del Espíritu Santo, volvió del Jordán, y fue llevado por el Espíritu al desierto" S. Lucas 4:1

Le doy tantas gracias a Dios porque para todo lo que nosotros pasamos Él nos dio un ejemplo. Es así como en este versículo Jesús nos modela su dependencia del Espíritu Santo. A ti que hoy estás leyendo este devocional, te puedo decir que aunque no te conozco, ni se cuál es tu caso, una cosa si sé, y es que necesitamos del Espíritu de Dios en este proceso. Pensar que no le necesitamos es querer participar de la bendición de Dios a medias. El Espíritu Santo fue enviado para ayudarnos, para que no estuviéramos solos en este mundo, así de mucho nos ama Él, que sabiendo que íbamos a tener dificultades, hizo provisión para nosotros.

Dependamos del Espíritu Santo en cada una de las situaciones que nos toque vivir. Ya sea en medio del dolor, o del temor, ya sea en momentos de angustia o de incertidumbre dependamos del Espíritu.

También dice la palabra de Dios:

"Y de igual manera el Espíritu nos ayuda en nuestra debilidad; pues qué hemos de pedir como conviene, no lo sabemos, pero el Espíritu mismo intercede por nosotros con gemidos indecibles." Romanos 8:26

Cuando no sepas qué orar, depende del Espíritu Santo. Cuando no sepas cómo actuar o que hacer, depende del Espíritu Santo. Pídele a El que te ayude, que te dirija, que te muestre cuál es Su plan para contigo en ese momento. Cuando entiendes que sin Su ayuda no puedes, y le rindes a Él toda tu voluntad, Él se glorificará poderosamente en tu vida.

NOTAS _____

_____

_____

_____

_____

_____

_____

_____

_____

_____

_____

_____

_____

_____

_____

_____

_____

_____

_____

Día 17

Clama a Jehová

"y dijo: Invoqué en mi angustia a Jehová, y él me oyó; Desde el seno del Seol clamé, Y mi voz oíste." Jonás 2:2

"Cuando mi alma desfallecía en mí, me acordé de Jehová, Y mi oración llegó hasta ti en tu santo templo." Jonás 2:7

Estos versículos son para mí mucho más que una referencia bíblica, se han hecho realidad en mi vida. La verdad es que cuando la palabra de Dios nos exhorta a tener una vida de oración, lo hace para darnos todo el beneficio de las riquezas de Su gracia. Cuando oramos, cuando clamamos a Dios, nos acercamos más a Él, y a su vez Él se revela a nosotros.

¿Qué haremos si no tenemos la presencia de Dios dirigiendo nuestro camino? ¿A dónde llegaremos si Dios no nos guía? ¿Cómo pasar por este proceso tan difícil y a veces tan largo, si Dios no está presente en nuestros días y noches? Es a través de la oración que podemos vencer, que podemos mantenernos firmes en el Señor. Es Su presencia la que nos fortalece y nos capacita para poder atravesar este desierto y llegar a la promesa.

Miremos el caso de Jonás. Él fue llamado por Dios para llevar un mensaje a la ciudad de Nínive, pero su desobediencia lo llevó a pasar por un proceso difícil. Aun así, la misericordia de Dios fue tan grande que cuando Jonás clamó a Dios, Él lo libró de la boca del pez. Aunque este fue un proceso que Jonás se buscó solito, no era parte del plan de Dios para su vida y aun así Dios le respondió. Imagínate cuanto más Dios estará ahí para socorrerte en medio de tu prueba, o en ese tiempo de espera. Hoy, con certeza puedo decirte, que en mis momentos más difíciles he clamado a Dios y él me ha respondido. Aún en momentos no tan difíciles, también he llamado a Su nombre y Él ha venido a mi socorro.

Entonces, cuando no entiendas algo, clama a Dios. Cuando estés triste o te falten las fuerzas, clama a Dios. Cuando te sientas cansado de esperar y creas que ya Dios se olvidó de Sus promesas para contigo, clama a Dios. Pero clama con fe, "porque es necesario que el que se acerca a Dios crea que le hay, y que es galardonador de los que le buscan." Hebreos 11:6

NOTAS _____

_____

_____

_____

_____

_____

_____

_____

_____

_____

_____

_____

_____

_____

Día 18

Sé una ofrenda de amor al Señor

"Sacrifica a Dios alabanza, Y paga tus votos al Altísimo;
E invócame en el día de la angustia;
Te libraré, y tú me honrarás."
Salmos 50:14-15

"Entonces Job se levantó, y rasgó su manto, y rasuró su
cabeza, y se postró en tierra y adoró, y dijo: Desnudo salí
del vientre de mi madre, y desnudo volveré allá. Jehová dio,
y Jehová quitó; sea el nombre de Jehová bendito. En todo
esto no pecó Job, ni atribuyó a Dios despropósito alguno."
Job 1:20-22

Oh, hermano, si hay alguien (después de Jesús) que nos puede ser ejemplo sobre qué debemos hacer en un momento difícil, este es Job. Este era un varón justo, y fiel a Dios, pero el diablo pidió a Dios quitarle todas sus posesiones para "probar" que su fidelidad a Dios era producto de toda su abundancia. Cuando leemos el primer capítulo, vemos cómo Job fue perdiendo todo lo que tenía. Tanto sus posesiones materiales como su familia, fueron quitados de su vida en un mismo día. Dígame usted si este no fue un proceso difícil. Sin embargo, ¿qué hizo Job? El reconoció en medio de su crisis la soberanía de Dios y le adoró.

No soy tan justa y recta como era Job, pero he entendido que, si este proceso Dios lo permitió para probar mi corazón, entonces es porque Él tiene fe en mí. Así como Job, le adoro y bendigo Su nombre, porque El sigue siendo bueno y porque para siempre es Su misericordia. Alabar al Señor desde momentos de abundancia y bienestar es lindo, porque ahí agradecemos Su provisión sobre nosotros. Mas cuando adoramos a Dios desde un lugar seco, donde no hay agua, donde nuestros corazones están llenos de dolor o desasosiego, entonces movemos Su corazón en una forma especial.

A mí me podrá faltar la salud, la juventud se va yendo poco a poco. Quizás en tu caso ya no hay finanzas como antes. Quizás perdiste a un ser querido. Quizás estás en la cárcel. Más yo te digo en esta hora, bendice a tu Dios, porque si lo tenemos a Él, tenemos más de lo que necesitamos.

"Los sacrificios de Dios son el espiritu quebrantado, Al corazon contrito y humillado no despreciaras tu, oh Dios".
Salmos 51;17

"Mas yo con voz de alabanza te ofreceré sacrificios; Pagaré lo que prometí. La salvación es de Jehová."
Jonás 2:9

NOTAS _____

_____

_____

_____

_____

_____

_____

_____

_____

_____

Día 19

No dejes de congregarte

"Una cosa he demandado a Jehová, ésta buscaré; Que esté yo en la casa de Jehová todos los días de mi vida, Para contemplar la hermosura de Jehová, y para inquirir en su templo." Salmos 27:4

A veces nos vemos en situaciones difíciles y una de las primeras cosas que hacemos es que dejamos de congregarnos. En medio de las situaciones que vienen a nuestras vidas comenzamos a dar lugar a pensamientos que no vienen de Dios y nos comenzamos a alejar de Él y de Su pueblo. El salmista sabía la bendición que había al estar todos los días en la casa de Dios y es por esto que escribe este salmo:

"Por que mayor es un dia en tus atrios que mil fuera de ellos, escogeria antes estar a la Puerta de la casa de mi Dios..." Salmos 84;10

También, Pablo les escribió a los hebreos sobre la importancia de congregarnos.

"Mantengamos firme, sin fluctuar, la profesión de nuestra esperanza, porque fiel es el que prometió. Y considerémonos unos a otros para estimularnos al amor y a las buenas obras; no dejando de congregarnos, como algunos tienen por costumbre, sino exhortándonos; y tanto más, cuanto veis que aquel día se acerca." Hebreos 10:23-25

42

No pienses que ir a la iglesia es simplemente una ordenanza eclesiástica y que no tiene ningún privilegio. Recuerda que toda verdad es paralela, así como en nuestro cuerpo carnal todos los órganos se necesitan unos a otros para un mejor funcionamiento, así también nosotros necesitamos de nuestros hermanos en la fe. Al congregarnos, juntos buscamos el rostro del Señor y de igual manera, juntos, recibimos Su favor.

Cuando estamos juntos en el templo, también nos comunicamos con el resto del cuerpo de Cristo y aprendemos los unos de los otros, nos motivamos los unos a otros, nos exhortamos y crecemos. Además, disfrutamos de los dones que tienen nuestros hermanos y damos de los que Dios nos ha dado.

Así que, si te has alejado del cuerpo de Cristo, si has dejado de congregarte, no importa la razón que tengas o lo que pienses que pueda justificarte, recuerda que son más los beneficios de estar en la casa de Dios. Acerquémonos confiadamente ante el trono de la gracia.

NOTAS _____

_____

_____

_____

_____

_____

_____

_____

_____

_____

No temas

"Jehová es mi luz y mi salvación; ¿de quién temeré? Jehová es la fortaleza de mi vida; ¿de quién he de atemorizarme?
Salmos 27:1

Probablemente hayas escuchado más de una vez a alguien que te haya dicho "tranquilo, todo va a estar bien" y aunque quieres creer que así será, el temor se acerca a zarandearte y te hace su presa. Cuando estás en espera de ese milagro, en ese tiempo donde no ves nada, donde piensas que ya Dios se olvidó de lo que te prometió, es uno de los momentos en que estás más vulnerable para que el temor llegue a tu vida.

Ya que seas una persona que no conozcas de la palabra de Dios, seas nuevo en el evangelio, o tengas años sirviéndole al Señor, te diré que todos pasamos por esos momentos donde el temor nos asecha y nos paraliza. Dicen los estudiosos de la conducta humana que sólo cuando aprendemos a identificar de dónde vienen esos temores es que entonces sabremos cómo controlarlos.

Más este pasaje de la palabra de Dios comienza diciendo "Jehová es mi luz y mi salvación" así que en Él no hay sombras ni oscuridad, ni hay nada que pueda ser incierto y de haber algo que represente algún aparente peligro Él me salvará. Por esto, el salmista enfáticamente pregunta; ¿de quién temeré? El entendió que estando en El, no tenía por qué sentir ningún tipo de temor.

Por esto y otras tantas razones, amo la palabra de Dios, porque hay provisión para cada una de nuestras necesidades y con la dulzura que la caracteriza, nos recuerda cuánto nos ama nuestro Creador.

También dice:

"Porque no nos ha dado Dios espíritu de cobardía, sino de poder, de amor y de dominio propio." 2 Timoteo 1:7

Por tanto, cuando sientas que el temor invade tu mente, recuerda que esto no viene de Dios y échalo fuera en el nombre de Jesús.

Cuando veas al temor venir de lejos, declara este versículo en alta voz:

"Aunque un ejército acampe contra mí, no temerá mi corazón; aunque contra mí se levante guerra, yo estaré confiado." Salmos 27:3

NOTAS _____

_____

_____

_____

_____

_____

_____

_____

_____

_____

_____

_____

Día 21

Busca apoyo

"Otra vez os digo, que, si dos de vosotros se pusieren de acuerdo en la tierra acerca de cualquiera cosa que pidieren, les será hecho por mi Padre que está en los cielos. Porque donde están dos o tres congregados en mi nombre, allí estoy yo en medio de ellos."
S. Mateo 18:19-20

Hay un gran poder en el acuerdo. Lo podemos ver en este versículo, las mismas palabras de Jesús nos exhortan a buscar apoyo. Es posible que pienses que lo que estás pasando lo vas a poder sobrellevar tu solo. Quizás tengas razón, pero siempre va a ser mejor contar con la ayuda de alguien. No tienes porqué pasar tu proceso solo y sin ayuda. Busca a tu alrededor y siempre vas a encontrar una mano amiga que te va a ser de apoyo, un hombro donde llorar, uno que te diga que todo va a estar bien. Tal vez sólo necesites que esa persona se mantenga en silencio, porque el saber que te está escuchando te será más que suficiente.

Cuídate de pensar que nadie te quiere ayudar. Eso es una mentira del enemigo. No pienses que no importas y que tú proceso es menos importante que el de los demás. Cuando te falte la fe, cuando sientes que ya no tienes fuerzas, ve primero delante de Dios, ese siempre va a ser mi primer consejo.

Luego de que derrames tu alma delante del Señor, busca a alguien que te ayude y ambos en acuerdo, como dice el versículo, pidan juntos, creyendo por una misma cosa, ¡por tu milagro!

También dice la palabra de Dios:

"Mejores son dos que uno; porque tienen mejor paga de su trabajo. Porque si cayeren, el uno levantará a su compañero; pero ¡ay del solo! Que cuando cayere, no habrá segundo que lo levante." Eclesiastés 4:9-10

Dios no quiere que estés solo. Recuerda siempre que, aunque este es un momento pasajero, tener a alguien a tu lado hará que sea mucho mejor.

NOTAS _____

_____

_____

_____

_____

_____

_____

_____

_____

_____

_____

_____

_____

_____

_____

_____

_____

_____

Déjate edificar

*"Y descendí a casa del alfarero, y he aquí que él trabajaba
sobre la rueda. Y la vasija de barro que él hacía se echó
a perder en su mano; y volvió y la hizo otra vasija, según
le pareció mejor hacerla. Entonces vino a mí palabra de
Jehová, diciendo: ¿No podré yo hacer de vosotros
como este alfarero, oh casa de Israel? dice Jehová.
He aquí que como el barro en la mano del alfarero,
así sois vosotros en mi mano, oh casa de Israel."*
Jeremías 18:3-6

Hoy te invito a que coloques tu nombre cada vez que dice "oh casa de Israel" en este pasaje de la palabra de Dios y que leas en voz alta y que lo creas. Entiendo que todos los procesos de la vida son diferentes en cada persona, pero atrévete a creer que algo bueno saldrá de tu proceso. El alfarero toma su tiempo para esculpirte, para darte forma, pero eso toma tiempo. Sé que no es la palabra favorita de muchos, tiempo, pero es necesario para que llegues a la perfección que Dios quiere para ti.

Visualiza al Creador de los cielos y la Tierra, el gran artista formándote con Sus propias manos. Que hermoso ¿verdad? Mira qué interesante cuando dice que aún estando en sus manos la vasija se echa a perder y eso nos habla de que Él sabe que cometeremos errores. Vamos a fallar, van a haber tropiezos, Él lo sabe y lo entiende. La pregunta clave aquí es, ¿qué vas a hacer cuando te "eches a perder"? ¡No te salgas de las manos de Dios! No abandones sus caminos, no te rindas pensando que todo está perdido.

Hoy te exhorto a que te dejes edificar por el Señor. Dice la Palabra:

"Si Jehová no edificare la casa,
En vano trabajan los que la edifican;" Salmos 127:1

El Señor sabe lo que es mejor para ti y para mí. Recuerda que Él conoce el mañana, el próximo paso, la próxima persona que entrará a tu vida, la llamada que recibirás mañana. Él lo sabe todo y si te dejas edificar a través de Su palabra, El té preparará para lo que venga.

NOTAS _____

_____

_____

_____

_____

_____

_____

_____

_____

_____

_____

_____

_____

_____

_____

_____

Día 23

Contagia a otros con tu fe, no con tu queja

"Entrando Jesús en Capernaum, vino a él un centurión, rogándole, y diciendo: Señor, mi criado está postrado en casa, paralítico, gravemente atormentado. Y Jesús le dijo: Yo iré y le sanaré. Respondió el centurión y dijo: Señor, no soy digno de que entres bajo mi techo; solamente di la palabra, y mi criado sanará. Porque también yo soy hombre bajo autoridad, y tengo bajo mis órdenes soldados; y digo a éste: Ve, y va; y al otro: Ven, y viene; y a mi siervo: Haz esto, y lo hace. Al oírlo Jesús, se maravilló, y dijo a los que le seguían:

"De cierto os digo, que ni aun en Israel he hallado tanta fe."
S. Mateo 8:5-10

¿Has estado alguna vez cerca de gente que se pasan el día de queja en queja? Todo es malo, nadie es bueno, todo les sale mal, Dios no los oye, "aquí estoy como Dios me quiere" (con tono pesimista), todo es una queja y un dolor. Entendemos que hay situaciones difíciles que duelen, que perturban el alma, que desesperan, pero no puedes olvidar estas tres cosas básicas:

1. **Dios está presto a escucharte** - Ve delante de Dios y derrama tu alma. Haz como este soldado que fue a Jesús a pedir por su siervo, aún sin ser un seguidor de Jesús. Él simplemente escuchó del poder que había en este hombre y fue a buscar la solución a su gran problema. Siendo un oficial del gobierno, estoy segura que tenía a su disposición buenos recursos

para sus empleados, más sin embargo fue a Jesús. El entendió que lo que Jesús ofrecía era permanente y es lo mismo que hoy Dios te ofrece, ¡vida eterna!

2. Tu proceso es pasajero, no durará para siempre. "Porque esta leve tribulación momentánea produce en nosotros un cada vez más excelente y eterno peso de gloria; no mirando nosotros las cosas que se ven, sino las que no se ven; pues las cosas que se ven son temporales, pero las que no se ven son eternas." 2 Corintios 4:17-18

Puede ser que hoy te sientas como que ya todo se va a acabar, pero no es así. Respira profundo y recuerda que esta es una etapa, un proceso que tienes que pasar. Un valle de sombras donde no vas solo, Su vara y Su callado te infunden aliento (Salmos 23)

3. Tu fe en Dios hace las cosas posibles y excede y va más allá de lo que pides. Este centurión fue a pedirle a Jesús un milagro para su siervo sin saber él que su fe impactaría al mismo Señor y que sería de inspiración para otros hasta el día de hoy. El nombre de este centurión no fue grabado en este relato, pero sí su fe. Hazte estas preguntas. ¿En quién has creído? Si has creído en Jesús, eso es lo que único que Él pide de ti para que recibas tu milagro. ¿Necesitas fortalecer tu fe? Pídele a Dios que te ayude, los discípulos le dijeron a Jesús auméntanos la fe (Lucas 17:5). Llénate de la palabra de Dios, lee sobre los milagros de Jesús, vacíate y aléjate de aquellas cosas o personas que te inyectan duda y derrota.

NOTAS _____

_____

_____

Consuela a otros

"Bendito sea el Dios y Padre de nuestro Señor Jesucristo, Padre de misericordias y Dios de toda consolación, el cual nos consuela en todas nuestras tribulaciones, para que podamos también nosotros consolar a los que están en cualquier tribulación, por medio de la consolación con que nosotros somos consolados por Dios."
2 Corintios 1:3-4

¡Oh, cuánto quisiéramos vivir vidas donde todo sea felicidad y amor! ¡Cuanto quisiéramos no tener que pasar por estos procesos, por dificultades, por enfermedades, por dolores, por pérdidas, por engaños, por decepciones! Mas Pablo nos recuerda en este pasaje que Dios nos da la capacidad para poder consolar a otros, aún cuando nosotros mismos estamos pasando tribulaciones. ¡Esto es hermoso! Creo que este es el clímax, el pináculo de mi proceso.

He pasado diez años de luchas, de dolores, de incertidumbres, de momentos muy tristes y difíciles y aún no he alcanzado mi milagro. Aun así, puedo hoy dirigirme hacia ti para decirte que Dios ha sido bueno conmigo.

Una amiga de mi prima, una vez le comentó lo siguiente a cerca de mí. "¿Tú ves? Yo no entiendo cómo es que ella le sirve a Dios y tiene que pasar por ese cáncer, no entiendo." Cuando mi prima me contó lo que su amiga le había dicho sonreí... le dije: "¿Sabes qué? Yo tampoco entiendo, pero todos los días Dios me levanta, abro mis ojos y me puedo parar sobre mis pies, tengo el amor de mi esposo, tengo un techo, ropa y zapatos que no me caben en el closet, estoy gordita porque tengo comida de más, tengo una familia hermosa que me ama, tengo amigos de cerca y de lejos que se preocupan por mí, tengo una iglesia que me cubre en oración, tengo tantas bendiciones que tener un poco de cáncer no me resta. Si Él decidió que yo pasara por esto, Él no me va a dejar!"

He entendido que Él me escogió para contar Sus obras, y eso para mí es uno de los más grandes privilegios que uno pueda tener. Hay quienes me llamen loca, otros me llamaran conformista. Yo me llamo bendecida, amada y consentida por el Dios Creador de todo lo que existe, el que me lleva en la palma de Su mano, el que responde a mi clamor cuando a Él yo llamo. Él me sorprende a cada rato, porque a veces cuando me siento un poco triste o sola, sin yo decir una palabra, llega un mensaje de aliento, alguien me dice que ha estado orando por mí, alguien me dice que soy de inspiración para ellos.

A ti, que estás pasando por un proceso difícil, toma un tiempo para ayudar a otros que están también pasando dificultades. Hay una satisfacción hermosa cuando das tu tiempo para otros, cuando prestas tu hombro para que otro llore, cuando abrazas al que está solo, aunque tú mismo estés experimentando un momento de soledad. Verás, que según tú te ocupas de otros, Dios se ocupará de ti.

NOTAS _____

_____

_____

_____

_____

_____

Día 25

Llora

"Jesús lloró" Juan 11:35

Creo que es el versículo más corto de toda la Biblia. Aquí Jesús estaba ante la muerte de un ser querido. Estaba triste y por tal razón lloró. Pero en este mismo pasaje, Jesús nos enseña tres cosas.

- Primero, aunque El estaba profundamente conmovido, le recuerda a la multitud que allí estaba que si creen verán la gloria de Dios.

  "Jesús le dijo: ¿No te he dicho que si crees, verás la gloria de Dios? (V. 40)

- Luego, da gracias a Dios porque Él sabe que Dios el Padre lo escucha siempre que le llama.

  "Entonces quitaron la piedra de donde había sido puesto el muerto. Y Jesús, alzando los ojos a lo alto, dijo: Padre, gracias te doy por haberme oído. Yo sabía que siempre me oyes; pero lo dije por causa de la multitud que está alrededor, para que crean que tú me has enviado." S. Juan 11:40-42

- Tercero, en medio de una situación de dolor, Jesús provoca un milagro.

¡Esto es poderoso! Es como que Dios nos dijera que Él

entiende nuestro dolor y no nos penaliza por nuestra debilidad. Por eso, si estás pasando por un momento de dolor, llora. Dejar que tus emociones se expresen, esto no te hace más débil, te hace humano, te hace reconocer tu vulnerabilidad. Pero llora delante de la presencia de Dios para que sea Él quien enjugue tus lágrimas. Llora hasta que sientas que tu alma se libera, pero una vez sientas el consuelo del Señor, entonces seca tu rostro y activa tu fe. El problema no es llorar, sino quedarte en ese lago de lágrimas.

En medio de tu proceso llora, llora más de una vez si es necesario, vacía tu alma de incertidumbre, vacía tu mente de pensamientos erróneos, de culpas no merecidas y ve ante el trono de la gracia de Dios donde Él te dará consuelo.

NOTAS _____

_____

_____

_____

_____

_____

_____

_____

_____

_____

_____

_____

_____

Día 26

Da Gloria a Dios

"Tampoco dudó, por incredulidad, de la promesa de Dios, sino que se fortaleció en fe, dando gloria a Dios, plenamente convencido de que era también poderoso para hacer todo lo que había prometido."
Romanos 4:20-21

Darle gloria a Dios es decir yo no puedo, pero Tú si puedes; yo no lo sé, pero Tú todo lo sabes; yo no lo veo, pero ya Tú lo visualizaste. Yo no lo tengo pero ya Tú has hecho provisión para mí, yo no lo siento pero ya Tú te hiciste real en mí. Esto es lo que creía Abraham. Imagínate, ¿crees que a su avanzada edad y con la condición de su esposa era fácil creer que el sería padre de multitudes? Sin embargo, dando gloria a Dios inyectó su fe con más fe para lograr ver lo que ya Dios había hablado a su vida.

Dale la gloria a Dios, fortalece tu fe, porque en darle la gloria a Él, estás diciendo y reconociendo que tú no tienes la habilidad ni el poder de hacer aquello que tú necesitas. Al final de tu proceso, Dios es quien se llevará toda la gloria. Podrás decir si fue escasez, que Dios te suplió; si fue depresión, que El té abrazo y te sostuvo para salir al otro lado. Para el mundo parece una locura que en medio de los procesos difíciles tú puedas decir gloria a Dios. Esto es posible, porque has conocido quién es Él. Si te encuentras en un momento de lágrimas, seca tu rostro y di un gloria a Dios a toda voz. ¡Fortalece tu fe!

NOTAS

Día 27

Cuida a los que te cuidan

Toma un momento para mirar a quienes tiene a tu lado. ¿Quiénes son los que están contigo en este momento difícil? ¿Quiénes son aquellos que ríen contigo, lloran contigo, te abrazan cuando estás triste, te exhortan cuando estás decaído? Estos que no se van de tu lado aun cuando tú crees que es mejor estar solo, son los que verdaderamente te aman. Ellos, aunque no están en tu misma piel para saber qué es lo que tú sientes, también están sufriendo tu proceso. Entonces, toma un momento para:

- Orar por ellos. Pídele a Dios que los ayude a ellos también a ser fuertes. Pide a Dios que les de fuerza, que les aumente su fe, que les de gozo en medio de la tribulación.

- Darles las gracias por estar ahí contigo. Es importante que ellos sepan cuánto tú aprecias el que ellos no se hayan ido de tu lado; que agradeces sus palabras de aliento, y hasta agradeces que ellos te hayan prestado su hombro para llorar.

- Regalarle una sonrisa. A mi me costó un tiempo (dentro de mi proceso) entender cuán importante era para mi esposo verme feliz. Mi proceso ha sido largo y con muchos momentos difíciles, pero descubrí cuánto mi esposo sufre cada lágrima que yo derramo. Entonces, decidí de vez en cuando regalarle una sonrisa. Entendí cuánto alivio él recibía al ver que yo, aunque las cosas se pongan fuertes, puedo secarme las lágrimas, levantar mi rostro y sonreír.

Quizás es tu esposo o esposa quien está contigo, quizás son tus hijos, quizás un buen amigo, tal vez un hermano en la fe; lo importante es que esa persona es parte de tu proceso y también necesita un cuidado especial de parte de Dios. Esa persona también necesita de ti. Para ellos es importante vernos bien. Es cierto que a veces vas a llorar, a veces quieres gritar, a veces, como dije antes, quieres estar solo, sólo recuerda que es importante cuidar de ellos para que estén ahí cuando tú recibas tu milagro, para que caminen contigo hasta llegar a la meta.

NOTAS _____

_____

_____

_____

_____

_____

_____

_____

_____

_____

_____

_____

_____

Día 28

No te desenfoques

"Alzaré mis ojos a los montes; ¿De dónde vendrá mi socorro? Mi socorro viene de Jehová, Que hizo los cielos y la tierra."
Salmos 121:1-2

Cuando estamos pasando momentos de dificultad es fácil dejarnos envolver por lo que nos rodea. Lo que nos toca de cerca a nosotros o a los que amamos, lo que vemos día a día, también aquello que sentimos físicamente, tiende a nublar nuestra vista espiritual. De alguna forma, a veces también el enemigo sutilmente coloca obstáculos frente a nuestros ojos para desenfocarnos, para que dudemos de las promesas celestiales y no lleguemos a alcanzar nuestro milagro.

Es en ese momento en el que tenemos que quitar la mirada de lo que tenemos de frente y alzar la mirada como decía el salmista David. ¿Crees que fue fácil para él pararse frente a aquel gigante con sólo cinco piedras y una honda en su mano? El panorama que tenía David frente a sus ojos no era el más alentador. Lo más fácil hubiese sido salir huyendo, abandonarlo todo y rendirse; más David no se dejó intimidar por lo grande de su prueba, porque él sabía en quien había creído.

Él sabía que mayor era el que estaba con él, que cualquier gigante o circunstancia que pudiera hacerle frente. Hoy te digo: ¡párate firme en Su palabra, ¡no te desenfoques! No permitas que nada te desvíe de alcanzar aquello que ya el Señor te prometió.

"Torre fuerte es el nombre de Jehová; A él correrá el justo,
y será levantado."
Proverbios 18:10

NOTAS _____

_____

_____

_____

_____

_____

_____

_____

_____

_____

_____

_____

_____

_____

_____

_____

_____

_____

Día 29

Recuerda que Dios te está mirando

"Porque los ojos de Jehová contemplan toda la tierra, para mostrar su poder a favor de los que tienen corazón perfecto para con él..."
2 Crónicas 16:9

Amigo y hermano que estás leyendo hoy, a diario pienso en las bondades del Señor y digo: ¡que hermoso es saber que los ojos del Señor están sobre mí! También, Sus hermosos ojos llenos de amor están sobre ti en este día. Dice el versículo que citamos, que Él te quiere mostrar Su favor. El desea estar contigo en este momento y sostenerte, cuidarte, suplir tu necesidad, no importa cuál sea. Esta promesa es una muy especial, pero para mí este verso tiene un mayor significado.

Para mí, este verso me hace preguntar: ¿qué estará pasando por la mente de Dios cuando Él me ve? Dice que Sus ojos contemplan toda la tierra, entonces imagínate por un momento que Su mirada está pasando por donde tú estás, y pregúntate, ¿que Dios está viendo en ti? ¿Verá Dios un corazón lleno de orgullo, que piensa que no lo necesita? ¿Verá un corazón rendido a Su voluntad? ¿Te verá enojado y refunfuñando por tener que pasar por este proceso? ¿O te verá diciendo: "Tú sabes lo que es mejor para mí"?

En mi caso, es mi oración que cuando el Señor me mire yo provoque una sonrisa en Su rostro. Deseo que cuando Dios me mire en medio de mi circunstancia se goce, se alegre de ver que yo he creído a Su nombre y a Sus promesas. Mi oración es que un día El me llame y me diga; "Bien, buen siervo y fiel; sobre poco has sido fiel, sobre mucho te pondré; entra en el gozo de tu señor." Mateo: 25:23

Cualquiera que sea tu actitud en este momento, no te juzgo y hasta puedo entenderte. Aun así, te exhorto a que rindas tu vida al Señor hoy, que entregues tu voluntad, tu opinión, tu vida y tu futuro en Sus manos, porque Él sí sabe lo que es mejor para ti. Él sabe que vendrá mañana y te preparará para recibirlo, si le permites.

NOTAS _____

_____

_____

_____

_____

_____

_____

_____

_____

_____

_____

_____

_____

_____

_____

_____

_____

_____

_____

Día 30

Cuida tu cuerpo

"Amado, yo deseo que tú seas prosperado en todas las cosas, y que tengas salud, así como prospera tu alma."
3 Juan 1:2

Hoy quiero que te enfoques en mantener un balance aún en medio de tu proceso. Está más que comprobado a través de la ciencia y la medicina, que la depresión, los afanes, el estrés, tienen una gran influencia en nuestra alimentación. Vivimos en una era donde muchas veces posponemos el comer o el alimentarnos bien por diferentes razones. A veces hay cosas "más importantes" que hacer, otras veces no sacamos el tiempo suficiente, otras veces dejamos que nuestras emociones dicten, como, cuando y si es o no necesario alimentarnos. Esto es un gran problema.

Aunque este no es un libro de nutrición, intento hacerte entender que debes alimentarte buena y sanamente, especialmente cuando estás pasando por momentos difíciles. Nuestro cuerpo necesita de nutrientes, minerales, vitaminas y otros para funcionar adecuadamente. En momentos donde no nos alimentamos adecuadamente nos volvemos más propensos a enfermedades físicas como la diabetes, desbalances químicos, como la depresión, entre otros.

Hoy mi consejo es que te tomes el tiempo de nutrir tu espíritu con la palabra de Dios y que también puedas alimentar tu cuerpo con todo lo que sea bueno para ti.

Evalúa qué calidad tiene la alimentación que estás llevando ahora mismo. ¿Estás siendo balanceado en lo que comes? Trata de integrar más agua, frutas y vegetales a tu dieta. Mientras más comida saludable y poco procesada ingieras, mejor te vas a sentir. Verás cómo el comer mejor y más saludable te ayudará poco a poco a sentirte más activo, con más energías y con más deseos de seguir luchando.

En mi caso, he integrado batidos de frutas con vegetales, he disminuido la ingesta de azúcares procesadas, las cuales no añaden ningún valor nutritivo a nuestro cuerpo. Este pequeño cambio en mi alimentación me ha venido muy bien.

Entonces, volviendo al versículo bíblico de hoy, es el interés de Dios que tengamos una vida balanceada, donde si nuestro cuerpo está bien nutrido y nuestra alma fortalecida y edificada, estaremos más aptos para enfrentar las dificultades de la vida.

NOTAS _____

_____

_____

_____

_____

_____

_____

_____

_____

_____

_____

_____

_____

_____

Día 31

Visualízate al otro lado de tu milagro

"¿No sabéis que los que corren en el estadio, todos a la verdad corren, pero uno solo se lleva el premio? Corred de tal manera que lo obtengáis." 1 Corintios 9:24

Este caminar de fe a veces se vuelve un poco más intenso de lo que pedimos. Por momentos nos vemos en una carrera donde hay más obstáculos que caminos lisos, y más riesgos que oportunidades. La palabra de Dios nos exhorta a correr la buena carrera de la fe, pero en este versículo específicamente nos da otra perspectiva. Primero dice que todos corren, refiriéndose a que todos tenemos luchas y situaciones, así que, ¿ves? No estás solo. Luego dice que van corriendo para alcanzar un premio, esa es la promesa que Dios ha hablado a tu vida. Por último, nos exhorta a que corramos de manera que obtengamos tal promesa, osea, que hagamos lo que sea necesario para llegar a eso que deseas.

Cuando te digo visualízate al otro lado de tu milagro y lo comparo con esta escritura, puedo verte corriendo en esa carrera. Veo que estás en el camino correcto, pero de repente, comenzaron a aparecer los obstáculos. Es en ese momento que tienes que decirte a ti mismo; yo tengo que llegar a la meta, este obstáculo no me va a detener, yo me visualizo en la meta, yo me veo ya descansando al otro lado"

"Hermanos, yo mismo no pretendo haberlo ya alcanzado; pero una cosa hago: olvidando ciertamente lo que queda atrás, y extendiéndome a lo que está delante, prosigo a la meta, al premio del supremo llamamiento de Dios en Cristo Jesús."
Filipenses 3:13-14

Dice la palabra; "olvidando lo que está atrás prosigo hacia la meta". No dejes que la mente te torture con lo que pudo haber sido. No caigas en ese juego donde comiences a pensar cómo estarías hoy si no estuviese pasando por este proceso, porque tu realidad es otra. Sigue adelante, ¡no te detengas!

Para poder visualizarte al otro lado vas a tener que hacer un esfuerzo mayor, quizás ajustar cosas en tu vida, quizás cambiar de ambiente, amistades o hasta lo que comes. Pero una vez tu mirada esté puesta en la meta, corre hacia ella, porque allí te espera el Señor con tu recompensa.

NOTAS _____

_____

_____

_____

_____

_____

_____

_____

_____

_____

Made in United States
Orlando, FL
04 May 2023

32780318R00043